AF457754

ACADÉMIE D'AMIENS

M. NINARD

Lecture par M. MOULLART.

AMIENS

IMPRIMERIE YVERT ET TELLIER

RUE DES TROIS-CAILLOUX, 64, ET GALERIE DU COMMERCE, 10

1889

MONSIEUR NINARD

Lecture faite par M. MOULLART
à la Séance du 12 Juillet 1889

Il y a six semaines, mourait à l'âge de trente-quatre ans, M. Ninard, substitut du Procureur général près la Cour d'Amiens. Il était membre élu de notre Académie.

Le souvenir d'un scrutin conservé dans nos archives n'a pas paru suffisant à ceux qui l'ont aimé et présenté à vos suffrages. Il est bon qu'il paraisse en quelque sorte lui-même dans ce qu'il a laissé et prouve ainsi avec plus de force que n'en auraient tous nos éloges, quel honneur il nous eut fait.

Nous avons une première révélation de son talent dans un discours prononcé le 16 septembre 1886 à l'audience de rentrée de la Cour : il avait pris pour sujet l'*Imagination*.

Il en fait « la voyageuse infatigable qui parcourt tous « les chemins, plus rapide qu'une aile d'oiseau, et, « parfois, émue, troublée par le souvenir d'une patrie « perdue, retourne au rivage qu'elle a aimée. » Il suit cette voyageuse partout où elle le conduit et il nous peint une série de tableaux brillants encadrés dans une broderie où l'élégance le dispute au caprice. C'est une œuvre dont tout l'éclat disparaitrait si on essayait de la décomposer pour en juger les éléments.

C'est que M. Ninard, il nous le dit, ne veut point entrer dans le domaine philosophique. Isoler par pure abstraction l'imagination des autres facultés de l'âme, la montrer agissant sans leur concours, circonscrire son domaine et analyser froidement sa nature et son caractère lui paraitrait une mutilation.

Il sort donc volontairement de l'exactitude philosophique et non content de faire de l'imagination la faculté maîtresse de l'âme, il lui donne ce qui ne lui appartient pas : semblable à l'enfant qui ne peut admettre un défaut dans sa mère et qui souffrira le jour où il apprendra qu'elle n'a pas toutes les perfections.

Voyez plutôt : « c'est par l'imagination, nous dit « M. Ninard, que l'âme voit, dégagée des étreintes du « corps, vivant de sa pure vie immatérielle dans la « contemplation de l'infini. Il n'y a plus d'horizons « qu'elle n'ait franchis, plus d'espaces mystérieux « dont elle n'ait entrevu les profondeurs. L'univers « lui appartient comme son domaine et elle y règne. « Dans le monde des pensées, elle joue son rôle d'abeille « qui va et qui vient, apportant à l'œuvre bientôt « achevée les éléments dont elle se formera ; elle « recueille les souvenirs, rassemble les images, relie « les unes aux autres toutes les conceptions éparses, « distribue l'harmonie qui complètera l'édifice, et jette « partout fière de son ouvrage, enthousiaste, comme « énivrée de son triomphe sa vivifiante et resplendissante « clarté. Elle produit alors des chefs-d'œuvre qui restent

« comme des monuments impérissables des générations « passées et des gloires d'autrefois. » .... « Elle en- « flamme les hommes et c'est alors de leur cerveau « brûlant, de leurs doigts remués déjà par la fièvre du « triomphe, que jaillissent les œuvres immortelles, les « statues de Phidias ou les chants d'Homère. »

Est-ce bien l'imagination seule qui a fait l'Odyssée, la Vénus de Milo, les Vierges de Raphaël, Polyeucte ? N'est-ce pas plutôt l'âme toute entière de l'artiste, l'âme dans l'harmonie de ses facultés réunies en un concert divin, l'âme créatrice ?

Mais à quoi bon ces réticences ? Jamais l'imagination, que condamnait Pascal et que dédaignait Mallebranche, ne trouva un défenseur plus convaincu de l'excellence de sa cause que M. Ninard. Tous ceux qui l'ont entendu lui pardonnaient son enthousiasme : ils étaient sous le charme. Il faut lire ce discours et le lire à haute voix pour en goûter la beauté, c'est une de ces œuvres qui ne se lisent pas des yeux seulement. On trouvera alors des pensées, des détails, des nuances, des délicatesses ravissantes et, entre tant de définitions de l'imagination, on prendra celle de Joubert qu'on appliquera sans hésiter à M. Ninard pour dire qu'il avait à un degré exquis « la faculté de rendre sensible ce qui est « intellectuel, d'incorporer ce qui est esprit ; en un « mot de mettre au jour, sans le dénaturer ce qui est « de soi invisible. »

Nul plus que M. Ninard n'avait horreur du lieu commun, de la recherche d'un sujet, du discours didactique. Son étude sur l'imagination a dû lui coûter beaucoup. Avant tout orateur et poète, il avait reçu le double don de l'éloquence qui éclate et combat et du rythme musical où s'incarne le sentiment. Il était prêt à l'action quand il était sous le coup d'une émotion forte ou sur son siège de magistrat aux prises avec une affaire, il écrivait alors ces poésies que nous lirons ou improvisait les requisitoires dont il nous faut d'abord parler.

Orateur, il avait encore quelque chose de la verdeur du fruit qui n'a pas complètement mûri : les occasions étaient si rares où il rencontrait la lumière et la chaleur des débats judiciaires. Mais quel talent déjà dans cette fougue et dans cette fécondité ! Les mots et les images semblaient accourir au devant de sa pensée et celle-ci n'apparaissait achevée que quand il avait épuisé toutes les variétés de l'expression qui pouvaient la rendre plus éclatante en la nuançant de leurs couleurs. On ne sentait aucun effort : ce n'était pas le sculpteur qui d'un ciseau hésitant tire péniblement du marbre rebelle la statue qui semble se refuser à sortir, c'était plutôt le modeleur dont chaque coup de pouce ajoute à la figure de suite ébauchée d'ensemble, mais dont l'effet se marque, s'accentue et devient de plus en plus saisissant sous les doigts agiles.

Son début à la Cour frappa ceux qui l'entendirent.

Un vol avait été commis à Saint-Quentin. Le prévenu alléguait qu'il n'avait pu en être l'auteur : les chemins, les distances, les heures ne concordaient pas avec sa présence constatée ailleurs. Le conseiller rapporteur, qui avait habité Saint-Quentin, avec l'exactitude scrupuleuse qui le caractérise, avait donné toutes les indications de la défense et de l'accusation, il avait lu les témoignages qui ne sont pas produits oralement en appel, le prévenu avait été interrogé. On devine combien les explications, les dénégations, les réponses ambiguës, les obscurités ou les contradictions des débats de première instance incomplètement rendus compliquent une pareille affaire. M. Ninard, pris à l'improviste, n'avait pas étudié le dossier, il conclut néanmoins et, dans une rapide improvisation, il exposa et contrôla les faits, rappela et discuta les chiffres nécessaires, montra l'impossibilité du système du prévenu et il le fit avec une telle sûreté de mémoire, un si vif réalisme des localités, des chemins parcourus par le malfaiteur, des distances et des heures que le rapporteur émerveillé lui disait : « Monsieur, on voit que vous connaissez bien la ville « de Saint-Quentin ! » M. Ninard n'y avait jamais mis les pieds.

Cette mémoire prodigieuse, cette rapidité de conception, cette facilité d'ordonner subitement un plan caractérisait le talent de M. Ninard. Qui le voyait pour la première fois à l'audience des assises se figurait difficilement ce qu'était le jeune magistrat. Distrait en apparence, les yeux baissés souvent ou enveloppant parfois d'un rapide regard les témoins, l'accusé, les jurés ou la foule, comme pour saisir l'impression qu'avaient causés un incident, une réponse maladroite de l'accusé, la parole trop hésitante d'un témoin, il paraissait étranger à l'affaire. Quand le président lui donnait la parole, dès les premiers mots, par l'exposé des faits, on constatait l'intensité du travail de la pensée.

Cependant M. Ninard ne se montrait pas d'abord tout entier, sa méthode ne lui permettait pas de voir toujours les objections, le côté faible de l'accusation. Mais quand l'avocat avait exposé le système de la défense, la réplique de M. Ninard était superbe de vigueur, de netteté et d'imprévu : il avait tout refait pour ainsi dire et présentait un nouveau réquisitoire plus court et plus complet à la fois, et souvent irrésistible. Involontairement, en se rappelant ce qu'il était, on pense à ces jeunes généraux de notre Révolution qui se révélaient maîtres sur le champ de bataille et apprenaient leur métier par des victoires.

Il faudrait citer ici quelques uns de ces beaux réquisitoires, mais la mémoire, cette oublieuse, ne conserve que des souvenirs fugitifs, insuffisants pour montrer ce qu'était cette éloquence à la fois élevée et simple, abondante ou sobre, d'une logique serrée, toujours élégante, jamais triviale. Ce qui caractérisait en effet M. Ninard, c'était l'absence absolue de toute vulgarité dans l'idée comme dans la forme : ceux qui l'ont connu savent combien sa réserve que l'amitié pouvait fondre repoussait toute familiarité.

Aussi a-t-il quelquefois méconnu certains cotés de l'humaine nature qu'une délicatesse trop grande de sentiments ne lui permettait pas d'observer ou de comprendre. Un jour, dans ces assises où l'on voit trop souvent combien la vie est sombre et misérable pour le pauvre, un homme était accusé d'avoir tiré un coup de feu sur l'amant de sa femme. M. Ninard reprochait à ce mari d'avoir chassé cet amant, son pensionnaire, et d'avoir plus tard repris sa femme qui l'avait suivi avec ses enfants : « Vous étiez sans excuses, parce que vous « étiez sans colère, lui disait-il, l'injure ne vous avait « pas atteint et en reprenant votre femme flétrie vous « aviez perdu le droit de la punir. »

Eh, mon Dieu ! ce malheureux trompé, trahi, avait repris sa femme parce qu'elle lui ramenait ses enfants, il avait reçu la femme coupable, souillée, parce qu'il lui fallait une ménagère pendant qu'il allait au travail.

Il y a là un effrayant réalisme qui déconcerte nos sentiments raffinés par l'éducation. Le misérable reprenait sa femme, comme il eut repris son pauvre logis, encore plus nu, plus froid, plus dégradé après l'orage ou l'inondation.

M. Ninard n'avait cependant au cœur ni amertume, ni colère, ni haine ; il était sans ennemi et on peut affirmer, après l'avoir entendu, qu'il possédait les deux qualités que Bossuet réclame du magistrat : la justice et la bonté. Sous l'empire de ce double sentiment, dans une affaire où un frère avait frappé son frère et où les coups avaient entraîné la mort, M. Ninard eut une admirable péroraison : supposant que l'accusé pouvait être acquitté, il le montra poursuivi jusqu'à son dernier jour par sa conscience et paraphrasant, sans jamais les citer, les vers célèbres de Victor Hugo, il voua au remords éternel l'homme que laisserait échapper la clémence du jury.

Il aimait ces luttes. Le ministère public n'y rencontre pas toujours des adversaires mesurés, calmes, sachant gouverner le verbe qu'enflamme une loyale conviction ; le but à atteindre leur fait quelquefois employer des moyens qui lui sont interdits. Dans « ces batailles pour la liberté et la vie », comme les appelait M. Ninard, c'était donc une victoire difficile qu'il fallait arracher au jury. Il avait raison quand il disait aux avocats : « Vous « êtes parmi nous des privilégiés. » Ce qu'il ne disait pas dans son amour pour la liberté de la défense et la sainteté du but, c'est qu'il n'est pas d'un bon exemple de livrer la loi faussée ou condamnée à l'ignorance de la foule, qu'il est dangereux pour le pays que jurés, témoins et auditeurs en rapportent chez eux le mépris. Quant à lui, il sut toujours se faire respecter par la dignité de son attitude, par une parole qui ne fut jamais agressive, par la façon chevaleresque dont il exerçait ses nobles fonctions.

Il ne reste rien de ces discours, de ces improvisations, de cette session de Janvier où M. Ninard fut plus éloquent que jamais et consuma dans un suprême effort, dans un dernier éclat les restes d'une vie déjà atteinte à ses sources. Et en eussions nous gardé quelque chose, qui nous rendra l'attitude, le geste, le regard, la physionomie de l'orateur? Je le vois encore, debout; je vois sa pose élégante et fière, sa tête expressive, ce front large et lumineux, ces yeux enfoncés sous l'arcade, j'endends sa phrase harmonieuse et cette voix de l'âme qui seule arrive à l'âme. Tout cela est éteint, perdu. Encore un pas, encore un jour, et il ne restera rien que nos souvenirs qui s'effacent, qui meurent avec nous, qui souvent sont morts avant nous. O néant de la vie !

C'était la pensée qui envahissait M. Ninard et lui inspirait ces vers retrouvés sans date :

« L'on aime, l'on souffre, on oublie ;
« Au cœur meurt et renait l'espoir ;
« Puis tout s'évanouit un soir ;
« Gloire, amour, sagesse, folie,
« Tout tombe dans le cercueil noir...
« C'est la vie.

Que de beaux vers sont ainsi échappés à l'âme de notre collègue et qui prouvent qu'au moment où nous l'attendions, son silence était fécond. Il croyait devoir s'en excuser : « Tout homme n'est-il pas un peu poète ? » disait-il, la poésie n'est pas le privilège exclusif de quelques uns. « Pour goûter son charme incessant,

« pour s'enivrer de son parfum, il suffit de vouloir la « comprendre et de savoir l'aimer. Qui ne la cherche « pas, la trouve. » Oui, mais s'il y en a qui la trouvent et la goûtent chez les autres, l'âme de M. Ninard en était une source abondante et riche.

On a eu la bonté de me communiquer un recueil qui contient une partie de ses poésies, conservées par des mains pieuses. Toutes seraient à lire, mais le temps nous force à en choisir quelques unes qui montreront la variété de son talent, en même temps qu'elles nous révèleront la force, la grâce et souvent la mélancolique tristesse de ses sentiments.

La première à citer est « *La Ronde des Mois* » :

Au chant des sphères radieuses.
Autour de vous, sur le chemin,
Dansent en rond douze danseuses
Se tenant toutes par la main.

Chacune à son goût s'est ornée
De joyaux ou de fleurs des bois :
Ce sont les filles de l'année,
Les Déesses jeunes des Mois.

Janvier de diamants ruisselle,
Et Février, en jupons courts,
Luit et fuit comme une étincelle
Derrière son loup de velours.

Mars de violettes coiffée
Semble la belle au bois dormant
Que vient, dans le conte de Fée,
D'éveiller le Prince Charmant.

Svelte, vive et mignone encore.
La jeune demoiselle Avril
Ent'rouve ses lèvres d'aurore
Sous son blanc chapeau de grésil.

Mai porte la rose vermeille
Et le muguet aux frais grelots ;
Juin rit, la cerise à l'oreille :
Juillet perd ses coquelicots.

Août, dont le regard bleu scintille
Parmi l'or du blé murissant,
Pour couronne a pris sa faucille
Comme Diane son croissant.

Septembre est la libre bacchante
Aux grands yeux chauds, couleur du soir,
Et sur sa gorge provoquante
Sautent des grains de raisin noir.

Près d'Octobre, âpre chasseresse,
Dont le vent tord les cheveux roux,
Novembre a l'air d'une prêtresse
Regrettant le mystique époux.

Et non sans un coquet manège
Décembre songeuse les suit,
Qui poudre de flocons de neige
Ses bandeaux bruns comme la nuit.

On voit bien que le poète aime la nature ensoleillée, que ses préférences sont pour la saison des fleurs. Il n'aime pas « l'*Hiver* » :

Je n'ai pas de chants pour le sombre Hiver ;
Je ne puis chanter que le temps des roses ;
Je hais la saison des longs jours moroses
Comme on hait la coupe au breuvage amer ;

Je hais son ciel noir où l'orage gronde,
La sinistre voix de son aquilon ;
Et la nuit des bois, l'ombre du vallon
Emplissent mon cœur d'une horreur profonde.

Je pleure les fleurs, les nids dévastés,
Les petits oiseaux que l'Hiver exile,
Pour qui la forêt n'est plus un asile ;
Je porte le deuil des cieux attristés

Des champs froids et nus je hais le silence ;
Je songe aux beaux jours remplis de rayons,
Lorsque les grands bœufs creusent les sillons ;
Et vers le Printemps mon âme s'élance !

Non, non ! Pour l'Hiver je n'ai pas de chants :
Je n'ai pas de chants pour la saison blême
Qui frappe de mort les choses que j'aime :
Les nids dans les bois, les fleurs dans les champs !

Dans les vers intitulés « *La Neige* », ne semble-t-il pas qu'on va être enseveli sous le froid linceul?

D'un mouvement très doux, très lent,
La Neige tombe, tombe, tombe,
Et moule à la terre une tombe
Sous un suaire blanc, blanc, blanc....

Où sont les fleurs et les verdures,
Le gai soleil, le blond été,
Les ruisseaux aux si frais murmures,
Les femmes au rire enchanté ?

Où sont les aubes parfumées,
Où sont les crépuscules d'or,
Et, berçant le jour qui s'endort,
Où sous les étoiles aimées ?

D'un mouvement très doux, très lent,
La Neige tombe, tombe, tombe.
Et moule à la terre une tombe
Sous un suaire blanc, blanc, blanc.

Quel joli tableau d'intérieur dans la pièce. « *Grand'-mère rève* » ! Comme on voit bien que le doux poète connaissait et aimait les enfants. Il leur a consacré bien des vers ; Ici il les surprend en flagrand délit d'observation caressante et fine :

Tais-toi, taisons nous, petit frère.
Vois, son tricot sur les genoux,
Et les deux yeux fermés, grand'mère,
Grand'mère rêve, taisons nous......

Le soleil donne sur sa bouche..,...
Sans bruit abaisse le rideau......
Moi, je vais chasser cette mouche
Qui grimpe au long de son bandeau

Ne bougeons plus..... Comme elle est douce,
La mère de notre maman !
Le pouce en croix sur l'autre pouce,
Comme elle est belle ainsi dormant !

Dis, elle a le même sourire
Qu'au fond du grand vitrail plombé
La Sainte-Anne qui montre à lire
A la Vierge dans l'alphabet.....

Mais l'aiguille n'est pas très sage :
Comme elle glisse entre ses doigts!....
Et puis, le long de son visage,
Ses lunettes tombent, je crois.....

Regarde, — sa lèvre remue !....
Ecoute — elle parle tout bas !....
Sa paupière tremble, émue !....
Pourtant elle ne nous voit pas !....

Oh ! grand'mère a dit quelque chose,
Bien bas, bien, bas, tout doucement,
« — Mes deux chers.... petits.... au front rose ».…
Elle a dit cela grand maman !

Tais-toi, — taisons nous, petit frère :
Vois, son tricot sur les genoux
Et les deux yeux fermés, grand'mère
Grand'mère rêve.... taisons nous !

Il est impossible de ne pas voir un pressentiment dans la dédicace de ces vers à M. Henri Grenier.

« Plus tard, quand tu seras grand, mon petit Henri, « quand tu porteras fièrement l'épaulette, quand tu « donneras aux autres des leçons d'épée au lieu d'en « prendre, tu trouveras dans quelque tiroir, où dormiront « de vieilles choses, ces vers devenus vieux. »

« Puissent-ils alors te rappeler celui qui les a écrits « pour toi, tout petit, et te le faire aimer encore s'il « n'a pas quitté ce monde. »

« *La Grand'tante* » nous offre un autre tableau intime. Les enfants n'y sont pas présents ; ils sont remplacés par ces mille objets décrits avec une sorte de respect attendri par le poète : il ne peut les séparer dans ses souvenirs de la vieille tante dont ils charmaient les yeux :

Dans le calme logis qu'habite la grand'tante
Tout rappelle les jours défunts de l'ancien temps :
La cour au puits sonore et la vieille servante,
Et les miroirs ternis qui datent de cent ans.

Le salon a gardé ses tentures de Flandre
Où nymphes et bergers dansent au fond des bois :
Aux heures du soleil couchant, on croit surprendre
Dans leurs yeux un éclair de l'amour d'autrefois.

Du coin sombre où sommeille une antique épinette
Parfois un long soupir monte et fuit au hasard,
Comme un écho des jours où pimpante et jeunette,
La grand'tante y jouait Rameau, Glück et Mozart !

Un meuble en bois de rose est au fond de la chambre :
Ses tiroirs odorants cachent plus d'un trésor :
Bonbonnières, flacons, sachets d'iris et d'ambre
D'où le souffle d'un siècle éteint s'exale encor !

Un livre est seul parmi ces reliques fanées,
Et, sous le papier mince et noirci d'un feuillet,
Une fleur sèche y dort depuis soixante années :
Le livre c'est Zaïre, et la fleur, un œillet.

L'été, près de la vitre, avec le vieux volume,
La grand'tante se fait rouler dans son fauteuil.
Est-ce le clair soleil, ou l'air chaud qui rallume
La couleur de sa joue et l'éclat de son œil ?

Elle penche son front jauni comme un ivoire
Vers l'œillet qu'elle a peur de briser dans ses doigts :
Un souvenir d'amour chante dans sa mémoire,
Tandis que les pinsons gazouillent sur les toits.

Elle songe au matin où la fleur fut posée
Dans le vieux livre noir par la main d'un ami,
Et ses pleurs vont mouiller ainsi qu'une rosée
La page où soixante ans l'œillet rouge a dormi !

Il faut se borner et laisser des pièces qu'on voudrait lire toutes entières : *Février*, *Les Capucines*, *la Veuve du Franc-Tireur*, *Moissons*, *Suicide d'âme*, *Juin* une gracieuse idylle, *la Cigale et la Fourmi* où la chanteuse prend sa revanche sur « cette bourgeoise. »

Cependant on ne peut résister à la tentation de cueillir dans maints sujets quelques vers, comme on glane en de riches parterres sans les épuiser des fleurs pour en composer un bouquet.

« *Aux sonneurs de Sonnets* » Le début a l'éclat d'une fanfare :

Sonnez les beaux sonnets, ô rimeurs, ô poètes !
Chantez la gloire en deuil, la guerre aux bras sanglants,
Relevez la patrie en d'augustes élans,
Et battez vos tambours et sonnez vos trompettes !

« *Les yeux* » Pour notre poète, les yeux seuls sont des miroirs fidèles de l'âme et il dit :

Seuls, les cœurs sans chaleur ont des yeux sans clarté :
Les cœurs aimants ont seuls le regard qui caresse :
Je voudrais dans mes yeux répandre ma gaité.
Et pour celle que j'aime, y mettre ma tendresse.

« *Le Temps des Lilas* »

Je t'aimais vraiment et non pas pour rire
Je t'aimais, mignonne, et n'en parlais pas !
Je m'étais promis pourtant de le dire
Quand serait venu le temps des lilas !

« *Jeannette* ». Elle a refusé de vendre sa chevelure au marchand ambulant, elle la garde pour son amoureux :

Fille d'un laboureur, j'ai vingt ans, je suis belle.
. . . .
C'est au beau mois de Mai que nous nous unissons :
J'ai pour dot ma quenouille et Jacques ses chansons :
Il a du pain pour deux dans sa main large et dure.

Tous ces vers font comprendre ce que dit Vinet : « j'ai « regret non seulement aux monuments qui croulent, « mais aux pensées qui s'évanouissent, aux voix qui « meurent dans leur premier écho. J'ai regret surtout « aux pensées poétiques : les autres se retrouvent, se « renouvellent, l'une remplace l'autre : la pensée poé- « tique seule ne se remplace pas..... Ce qui a été dit par « un poête, un autre ne le dira pas. »

Qui ne se rappelle les beaux vers de Victor Hugo sur les illusions :

toutes ces jeunes sœurs
qui le matin devant nos portes
Dans l'avenir sans borne ouvrant mille chemins,
Dansent des fleurs au front et les mains dans les mains
Et bien avant le soir sont mortes.

M. Ninard aussi chante les illusions et montre, comme le dit le critique, que les vrais poêtes ne se répètent pas :

Illusions, blondes chimères,
Délice et tourment de nos jours,
Rêves aux grâces éphémères,
Espoirs dorés, fraîches amours,
Fleurs qui mourez à peine écloses,
Plus fugitives que les roses,
Hélas ! Dans vos métamorphoses
Rien ne saurait vous arrêter !

L'homme que votre charme enivre,
Et qui sans vous ne croit pas vivre,
Passe son printemps à vous suivre,
Son automne à vous regretter !

La vie n'offre pas seulement les illusions qui se fanent, elle nous apporte des déceptions, des désenchantements :

J'ai voulu, le long du chemin,
Cueillir une fleur printanière ;
Ses feuilles ont jonché la terre,
Sa fraicheur a fui dans ma main.

J'ai voulu dans mes jours de fièvre,
Prendre un baiser qui me tentait :
Mais, tandis qu'on me le prêtait,
Sa douceur a fui sous ma lèvre.

Depuis, pour ne plus m'exposer
Aux âpres tortures du doute,
Je laisse la fleur sur la route
Et sur la lèvre le baiser..

« *La Dernière Nuit* » est une œuvre saisissante par la force, l'émotion, l'amour de la nature. La nature ! M. Ninard la regardait comme il regardait toute chose avec ses yeux de poète : il y démêlait le beau invisible au vulgaire. Cet attrait, ce charme, cette magie de tout ce qui a vie, il les montre envahissant l'âme du désespéré qui voudrait s'y soustraire pour mourir.

Trop faible pour la lutte ou peut-être trop lâche,
N'osant braver le sort, ni sonder l'avenir,
Contre le désespoir ne pouvant plus tenir,
Sentant saigner son cœur sous la dent qui le mâche,

Effrayé de la vie et du duel sans relâche
Que, sans doute, il aurait contre elle à soutenir,
Il se dit qu'il était plus simple d'en finir
Et de se reposer au milieu de sa tâche.

Préparé pour la mort, il prit un chemin creux,
Un soir d'été, courut longtemps sous la verdure,
Ecoutant les adieux de toute la nature,
Et sentant dans son cœur monter un deuil affreux.
Des clartés se glissaient dans les bois ténébreux ;
Des souffles embaumés éventaient la ramure
Et des fraîcheurs montaient avec un long murmure
De ruisseaux sanglotants et de cris amoureux.

Longtemps il regarda la nuit blanche étoilée,
Et la lune éclairer de ses regards amis
Les bois, les sentiers verts, les ravins endormis ;
Il écouta des eaux la voix inconsolée ;
La lumière neigeait, largement étalée
Sur toute la campagne et les lointains blémis,
Et jetait ça et la de ruisselants semis
De perles à travers le lit de la vallée.

Toute sa vie hélas ! lui revint en mémoire,
Et sombre, il repassa l'inutile leçon
Que lui donnait le sort, puis il eut un frisson
Et se mit à pleurer dans un coin d'ombre noire.
Il désirait la mort et n'y pouvait pas croire,
Et, comme un parfum qui plane sur un buisson,
Au dessus de son deuil planait une chanson
Qui lui parlait encore d'espérance et de gloire.

Son hésitation cependant dura peu,
Devant le rêve pur de cette nuit sereine,
Devant l'horizon bleu comme une mer lointaine.
Ainsi qu'une prière, il fit un dernier vœu.

Il songea. Son regard eut un dernier adieu,
Et tandis que partout, sous les bois, sur la plaine,
Les tendres rossignols flûtaient à perdre haleine,
Il mit un pistolet sur son cœur et fit feu !

La pièce intitulée « *Les morts* » fait contraste avec la précédente : ce n'est plus la fiction, c'est un sanglot un cri de l'âme, un deuil réel.

Les morts ne sont pas ceux qui meurent
Et qui s'en vont au paradis :
Les vrais morts sont ceux qui demeurent
Par la stupeur des deuils raidis.

Leur gîte sombre est une bière
Sans épitaphe et sans cyprès
On y sent le froid de la pierre
Et le rongement des regrets.

Et sur la sépulcrale geôle
Les jours pleuvent flétris et froids,
Comme pleuvent d'un pâle saule
Les feuilles qui couvrent les croix.

M. Ninard n'est point d'ailleurs un pessimiste : la vieille race gauloise répugne à ce sentiment, nous a-t-il dit, « si elle s'empare de nous la mélancolie est loin « d'engendrer le désespoir : elle est toute faite d'émo- « tions intimes, d'amour et de pitié. » C'est à cet ordre de sentiments rafraichissants et sains qu'appartient la pièce intitulée : « *Branche de Buis* »

Branche de buis, rameau bénit.
Premier printemps et fleur des neiges,
Branche de buis, toi qui protèges
Le foyer, le berceau, le nid,

Branche de buis, pieux emblême,
Symbole d'amour et de paix
Branche de buis, ô toi que j'aime,
Rameau bénit, toi que j'aimais

Lorsque, petit, près de l'aurore
Des jours croyants, des jours plus beaux,
J'écoutais la voûte sonore
Chanter la fête des rameaux.

Branche de buis la vie est brève !
Sauve ma vie et mon espoir,
Et lorsque je m'endors le soir.
Branche de buis défends mon rêve !

Si la mêlée des intérêts et le conflit des passions servent de thème aux lieux communs, le culte de l'idéal inspire à M. Ninard le sonnet qui a pour titre : « *Les Incurables.* »

En ce siècle de prose et d'appétits lâchés,
Où nos luttes d'un jour font toute âme asservie,
On trouve encor pourtant des passants de la vie,
Que la contagion des temps n'a point touchés.

Au milieu des calculs, des fraudes, des marchés,
Voyez si leur candeur hautaine se défie !
Ils vieillissent, pareils aux purs soleils couchés
Eclairant derrière eux la route droit suivie.

Ils restent confiants, absurdes, fraternels :
Un instant leur suffit, — ô trompés éternels ! —
Pour que l'illusion consolante renaisse.

Et ces croyants exquis, ces cœurs jamais atteints,
Conservant la candeur des rêves enfantins
Et la virginité sainte de leur jeunesse !

Voilà de la belle et saine poésie. Ecoutez encore le poëte qui s'élève et grandit en chantant les voix de la nature, « *Naturæ Voces* » :

Nous les frissonnants poëtes,
Nous, dont les âmes souvent
Sont des harpes inquiètes
Qui vibrent au moindre vent

Suivant que l'orage gronde
Ou que bleuissent les flots,
Nous épandons sur le monde
Nos gaités ou nos sanglots.

Mais dans ces plaintes touchantes,
Dans ces rires musicaux,
Nature, c'est toi qui chante ;
Nous sommes de vains échos.

Et, pour l'éternel poëme
Qui s'improvise en tout lieu,
Prêtresse, tu n'es toi-même
Que la sybille de Dieu !

On se rappelle en lisant de pareils vers le mot de Joubert : « Les poëtes ont cent fois plus de bon sens

« que les philosophes. En cherchant le beau, ils ren-
« contrent plus de vérités que les philosophes n'en
« trouvent en cherchant le vrai. »

M. Ninard aurait pu se consoler s'il n'avait été qu'un chantre de la nature. Mais il adorait l'éloquence, il voulait que la carrière lui en fut ouverte plus large..... Il se défendait d'être un faiseur de vers...., ou plutôt non ; il ne défendait pas, et dans une dernière pièce de vers, « *Aux Lys* », qu'il faut lire il faisait la part du poëte, sans colère et sans rancune : tout au plus, y peut-on voir une nuance d'ironie, elle fait contraste avec la haine qui déborde des vers superbes de Victor Hugo qu'elle rappelle :

Vous qui balancez par les soirs
Vos héraldiques encensoirs,
O lys éclos dans la lumière,
Vous logez les rodeurs ailés,
Les frelons aux vols déréglés,
Grisés de sève printanière.

A ce petit peuple indigent
Qui vit et meurt en voltigeant
Vous offrez vos palais d'ivoire,
Et quand les gueux sont saturés
De roses et de sucs dorés,
Vour les embaumez dans la gloire.

Le ciel aux méchants, aux pervers,
Aux bohêmes, faiseurs de vers,
Ouvre aussi sa fleur pacifique,
Et je crois, dans les nuits d'été
Quand l'espace est plein de clarté
Dormir dans un lys magnifique !

Tel était, Messieurs, le collègue que nous avons perdu avant de le posséder. Cette réception posthume ajoutera à nos regrets, car nous le connaissons maintenant moins par un examen critique de ses œuvres que par ces œuvres mêmes qui le font revivre.

On lit les poëtes aimés, on entend l'orateur emporté par l'éloquence. Nous qui sommes à terre, nous ne sommes que trop tentés de les soumettre à une froide analyse au risque de perdre le sens et le plaisir de l'admiration. Nous faisons de la science comme ce photographe qui s'occupe de reproduire les évolutions de l'oiseau à travers l'espace : dans les formes variées du corps, dans les positions changeantes des ailes, il veut trouver la loi des mouvements.... et il se figure, le pauvre savant, que son travail aidera l'artiste, le poëte, l'orateur ou le fera aimer, comme si l'âme semblable à un oiseau divin avait besoin d'apprendre pour s'envoler et ravir avec elle nos cœurs et nos esprits.

Nous croyons devoir insérer dans le recueil de l'Académie quelques pièces de vers que le temps n'a pas permis de comprendre dans l'étude précédente.

LES CAPUCINES.

Sur mon balcon les capucines.
Derrière les grillages lourds,
Lèvent leur cape de velours
Nid des œillades assassines.

Aux sylphes elles font des mines,
Les papillons, essains d'amours,
A leurs soyeux cotillons courts
Donnent des caresses mutines.

Ainsi, dans les cloîtres obscurs,
Soupirent à l'ombre des murs
Les nonnes en sombres cornettes,

Et du ciel les tièdes zéphyrs
Viennent caresser les pauvrettes
Que troublent de vagues désirs.

JEANNETTE.

Fille d'un laboureur, j'ai vingt ans, je suis belle,
Un marchand ambulant m'offrit de mes cheveux
Cinq louis d'or luisants qui me brûlaient les yeux,
J'aurais eu pour le prix, jupe, robe et dentelle.

Mais à mon amoureux je veux rester fidèle !
Lui qui n'a pour tout bien que Jeanne sous les cieux !
Toucher à son trésor, ce serait odieux !
Je le lui garde intact pour la saison nouvelle !

C'est au beau mois de mai que nous nous unissons,
J'ai pour dot ma quenouille et Jacques ses chansons,
Il a du pain pour deux dans sa main large et dure,

Et Jacques chantera quand nous serons bénis,
A tous nos bons voisins aux noces réunis :
— Jeannette m'a gardé sa belle chevelure.

LE TEMPS DES LILAS.

Je t'aimais vraiment, et non point pour rire,
Je t'aimais, mignonne, et n'en parlais pas !
Je m'étais promis pourtant de le dire
Quand serait venu le temps des lilas !

Le doux mois d'Avril sourit et réclame
L'aveu que l'on fait en parlant tout bas,
Et je m'étais dit : « j'ouvrirai mon âme
« Quand sera venu le temps des lilas !

« J'aurai pour témoins et les fleurs écloses,
« Les candides fleurs qui ne mentent pas,
« Et le gai soleil, complice des roses,
« Quand sera venu le temps des lilas !

« Je dirai ma joie et mon espérance,
« Mes rêves si beaux et mes longs combats,
« Et, loin de ses yeux, toute ma souffrance,
« Quand sera venu le temps des lilas ! »

Puisqu'il est venu, le temps où l'on aime,
Aimons-nous avant que nos cœurs trop las
N'entendent sonner, au moment suprême,
L'heure où s'en iront les derniers lilas !

LA CIGALE ET LA FOURMI.

La cigale ayant souffert
Tout l'hiver
Se trouve toute éveillée
A la première feuillée.
Blottie au creux des buissons,
Elle reprit ses chansons,
Et chacun, dans l'herbe tendre,
S'arrêtait pour mieux l'entendre.
Lasse enfin de se gaver,
La fourmi la vint trouver :
« Enseignez-moi, lui dit-elle,
« Votre douce ritournelle :
« Je viens à vous, me voici ;
« Je voudrais chanter aussi. »
La cigale est fort narquoise ;
C'est là son défaut parfois ;
— « Que faisiez-vous aux temps froids,
Dit-elle à cette bourgeoise !
— « Aux temps froids, à tout venant,
Je mangeais, ne vous déplaise.
— « Vous mangiez, j'en suis forte aise,
Eh ! bien, jeûnez maintenant. »

JUIN.

— Est-ce juin qui fait ces méprises ? —
Rosette sous un cerisier
Mordillait, à même l'osier
D'un panier rempli de cerises ;

Si bien que Lucas, le berger,
Qui passait avec sa houlette,
Prit les deux lèvres de Rosette.
Pour le fruit rouge du verger.

Ah ! les cerises, les cerises !
Bouquet d'avril et fruit de juin !
En leur saison est-il besoin
De dire qu'elles sont exquises ?

En janvier parfois l'on en sert
Sur de riches coupes de marbre ;
Ah ! ne les cherchez que dans l'arbre
En juin teinté d'un si beau vert !

Cerises à la peau vermeille,
Quel corail peut vous remplacer ?
Rosette vient de se passer
— Voyez — deux beaux pendants d'oreille,

Et Lucas leur trouvant un air
De famille avec les cerises,
— Est-ce juin qui fait ces méprises ?
Mord dans le rose ourlet de chair.

MOISSONS.

Pour vous cueillir des roses blanches,
Mignonne, le cœur plein de vous,
Je vais aux champs quand l'air est doux
Et qu'avril a fleuri les branches.

Mais, le soir, j'égare mes pas
Jusqu'aux tombes de fleurs semées :
C'est là que dorment les aimées,
Mignonne, ne l'oubliez pas

Bien qu'avril ait fleuri les branches
Et bien qu'aux champs l'air soit si doux,
Mignonne, je reviens vers vous
Les mains vides de roses blanches !

LA VEUVE DU FRANC-TIREUR

J'ai nourri cinq enfants sortis de mes entrailles :
Les quatre premiers nés, leur père me les prit,
Les arma, leur souffla sa haine et son esprit :
Pas un d'eux ne revint des sanglantes batailles !

Mon dernier né prendra ses vingt ans aux semailles;
Il n'avait que six ans quand son père partit,
Et jouait d'un clairon comme lui, tout petit,
Qui sonnait dons mon cœur de grandes funérailles.

Le père et quatre enfants n'ont pas eu de linceul :
Pour me mettre au tombeau le cinquième est tout seul,
— O mon fils ! — et déjà ma tête est toute blanche !

Eh ! bien, ce dernier né, que je garde en mon cœur,
Sera, comme son père, un vaillant franc-tireur !
C'est moi qui l'armerai le jour de la Revanche !

FÉVRIER

Avec ce mois tiède et mouillé,
Temps brumeux de rêve et de doute
L'autre jour j'ai repris la route
Du pauvre jardin dépouillé,

A peine a disparu le givre
Que tout s'est mis à reverdir ;
La terre espère, elle veut vivre,
Cérès, la blonde, va grandir.

Les oiseaux font entre les branches
Leur visite au bourgeon naissant
Et c'est un passage incessant
D'ailes noires, grises ou blanches.

J'ai reconnu, j'ai retrouvé
Leurs chansons, au rythme si tendre ;
Jamais je n'avais éprouvé
Tant de plaisir à les entendre.

C'est qu'ici-bas nous aimons tous
Les choses dans leur fleur première,
L'aurore avec ses rayons doux,
L'enfant aux yeux pleins de lumière.

Le bouton de rose est plus frais
Que la corolle épanouie,
Et germinal a plus d'attraits
Que la canicule éblouie !

Nous de même, au fond de nos cœurs
Nous avons nos livres moroses,
Nous avons nos printemps vainqueurs
Où naissent de mystiques roses.

Purs mystères des jours heureux !
Quelles fleurs sont plus parfumées
Que les mots des premiers aveux
Qui tombent des lèvres aimées.

SUICIDE D'AME

Je vivrai !.... pour pleurer !.... et loin de toute joie,
Sans trêve savourant la douleur qui me broie,
Je fermerai mon cœur à tout spectacle humain !
Et si le bonheur s'offre à ma lèvre pâlie,
Je répandrai la coupe et chercherai la lie
Et livrerai ma chair aux ronces du chemin !

Que, sous le poids du fort, le faible tombe et crie !
Que cent peuples divers brisent une patrie !
Que la terre s'écroule au sein des océans !
Je ne veux rien savoir, je ne veux rien entendre,
Rien que la chère voix, que la voix douce et tendre
Qui traverse la nuit et les gouffres béants !

Non ! rien ! je ne veux plus, je ne veux plus rien faire !
De mon obscur cerveau l'étincelle dernière
Est pour toujours murée au fond d'un noir tombeau !
Dans les plis d'un linceul sommeille ma pensée ;
Le souffle de la mort au loin l'a dispersée ;
A peine s'il m'en reste un informe lambeau !

Non ! plus de poésie où vibre une espérance !
Plus de ces chants de deuil où malgré la souffrance,
Malgré le ciel tout noir, perçait comme un rayon !
Plus de ces chants d'amour où l'âme retrempée,
Voyait s'enfuir la nue, un instant dissipée,
Quand sous les pas d'Avril s'éveillait le sillon !

Plus de vers ébauchés dans les forêts profondes,
De mystiques soupirs surpris au bord des ondes,
Plus de fleurs que l'on cueille aux jours de Messidor !
Plus de rêves exquis aux fraîcheurs matinales !
Plus de sanglots amers dérobés aux rafales !
Plus d'éblouissements devant les couchants d'or !

Pour des chants inconnus que mon âme s'éveille !
Loin du bruit de la terre, écoute, ô mon oreille
Ecoute dans la nuit des mots qu'on dit tout bas !
Je veux, hôte assidu des lamentables grèves,
Suivre éternellement dans l'horreur de mes rêves
Celle dont les bras froids me font signe là-bas !

Je veux, ô morte aimée, en attendant mon heure,
Parcourir avec vous les chemins où l'on pleure !
Je veux vivre avec vous, à vous seule livré !
Je veux que ma pensée, où la raison succombe,
S'enfermant avec vous, réchauffe votre tombe !
Car je ne mourrai pas !... pour pleurer.... je vivrai !

www.ingramcontent.com/pod-product-compliance
Ingram Content Group UK Ltd.
Pitfield, Milton Keynes, MK11 3LW, UK
UKHW020519180726
13839UKWH00005B/2181

9 782329 586076